AF278545

VOL D'OISEAU

DANS LE MONDE POLITIQUE

—

AUXERRE. — TYPOGRAPHIE DE G. PERRIQUET.

VOL D'OISEAU

DANS

LE MONDE POLITIQUE

Par M. SEMPÉ

MÉDECIN A ARCES (YONNE)

MEMBRE DE PLUSIEURS SOCIÉTÉS SAVANTES.

I. Les Légitimistes. — II. Encore les Légitimistes et les Bonapartistes du premier Empire. — III. Le Luxe, son influence sur la société; la Corruption en matière politique; les Républicains et les Orléanistes.

Marchons par où Dieu nous conduit.

—

PRIX : 75 C.

Franco contre l'envoi de timbres-poste, 1 fr.

—

EN VENTE A LA LIBRAIRIE HUGNOT

Rue de Paris, 32, à Auxerre

ET CHEZ L'AUTEUR

—

1871

VOL D'OISEAU

DANS

LE MONDE POLITIQUE

I

LES LÉGITIMISTES

On ne saurait le nier, les différents partis qui se font la guerre et aspirent au pouvoir, sont composés d'une multitude d'éléments hétérogènes, sans cohésion, sans liens, sans unité ; là, chacun prêche pour son saint, parce que chacun a ses petites vues, ses préjugés, sa sotte ambition qu'il tient à satisfaire, dût-il appeler à son aide le canon des étrangers, la lance des Cosaques. Il est incontestable que toutes ces dissensions faussent l'esprit des masses et nuisent à la prospérité générale.

Si l'amour de la vérité ou de l'humanité était le grand mobile de toutes les âmes, on serait bientôt d'accord ; mais, en dehors de la vérité, il n'y a rien à attendre des hommes, qu'égoïsme, mensonge, cupidité et sottise. « Chacun fait valoir le chaland dont il vit, » dit à ce sujet

Châteaubriand, « nous sommes assis dans la société
« comme des marchands dans leur boutique : l'un vend
« des lois, l'autre des abus, un troisième du mensonge,
« un quatrième de l'esclavage : le plus honnête homme
« est celui qui ne falsifie pas sa drogue et qui la débite
« toute pure, sans en déguiser l'amertume avec de la
« liberté, du patriotisme ou de la religion. Le bandeau
« royal, celui de la religion, le bonnet de la liberté,
« peuvent déformer plus ou moins la tête des hommes,
« mais (en dehors de la vérité) leur cœur reste toujours
« le même. »

Les pages de l'histoire et les journées sanglantes de nos discordes civiles ne nous ont que trop appris jusqu'où peuvent aller l'aveuglement et la fureur de ceux que l'esprit de parti pousse dans cette voie de malédiction. Mais, si les peuples étaient plus éclairés sur leurs véritables intérêts, croit-on qu'ils prêteraient aussi facilement la main à ces terroristes furibonds et sanguinaires, ou même au premier ambitieux qui, n'ayant d'autre but, d'autre intérêt que la satisfaction de son ambition personnelle, se joue impunément de la crédulité des hommes ? Assurément non, ils ne le feraient pas ; ils se serviraient des lumières qu'ils auraient reçues, se tiendraient à l'écart et sauraient flétrir de leur mépris des actes aussi coupables.

On ne peut justifier l'emploi si terrible de la force brutale, que dans le cas où l'on s'en sert pour le maintien de l'ordre, c'est-à-dire pour la défense des libertés

publiques et pour le bonheur des peuples. « Il ne faut
« jamais songer à la guerre, » dit le vertueux Fénélon,
« que pour défendre sa liberté. » (Télémaque, liv. VIII.)

Hâtons-nous d'ajouter qu'un peuple qui a pour lui le
suffrage universel, n'a jamais le droit de recourir à la
force brutale. Le droit au suffrage universel abolit le
droit à l'insurrection.

Mais si, dans l'ordre politique, l'ignorance populaire
peut plonger un pays dans toutes les horreurs d'une
contre-révolution, il faut reconnaître que la cause pre-
mière de tous ces désordres vient toujours de plus
haut. Elle vient surtout de l'aveuglement et de l'obs-
tination de ces vieux et incorrigibles partis, que le
malheur n'a pu retremper et dont on a dit avec justice :
« Ils n'ont rien appris, rien oublié. » Rien, en effet, ne
frappe plus l'esprit humain d'incapacité que ces erreurs
collectives qui souvent ne sont que le fruit d'une
mauvaise éducation, erreurs dont si peu d'hommes
savent secouer le joug. Empruntons encore à Châteaubriand, qui, certes, n'est pas un légitimiste suspect, la
preuve de ce que nous avançons ici. « Que veut, dit-il,
ce vieux parti royaliste, « plein d'honneur et de probité,
« mais dont l'entendement est comme un cachot voûté
« et muré, sans porte, sans fenêtre, sans soupirail,
« sans aucune issue à travers laquelle se puisse glisser
« le moindre rayon de lumière. Ce vieux et respectable
« parti retomberait demain dans les fautes qu'il a faites
« hier. »

Châteaubriand a parfaitement raison. Les fautes de ces hommes tiennent à leur manière de voir, à des préjugés invétérés qui datent de leur enfance et qu'on peut considérer comme de véritables maladies passées à l'état chronique. Quand l'adversité est impuissante à guérir de telles infirmités, on peut dire que le mal est incurable. Voilà donc à quoi sont voués la plupart de ceux qui ne veulent prendre ni la justice, ni la vérité pour unique règle de leur jugement et de leur conduite.

« Sans justice, » dit saint Augustin, « les Etats ne sont « que des sociétés de brigands. » Et qu'est-ce qu'une troupe de brigands, sinon un petit royaume ? Car c'est une réunion d'hommes où un chef commande, où un pacte social est reconnu, où certaines conventions règlent le partage du butin. Si cette troupe funeste, en se recrutant de malfaiteurs, grossit au point d'occuper un pays, d'établir des postes importants, d'emporter des villes, de subjuguer des peuples, alors elle s'arroge ouvertement le titre de royaume, titre que lui assure non pas le renoncement à la cupidité, mais la conquête de l'impunité. C'est une spirituelle et juste réponse que fit à Alexandre-le-Grand ce pirate tombé en son pouvoir : « A quoi penses-tu, » lui dit le roi, « d'infester les mers ? » — « A quoi penses-tu d'infester la terre, » répond le pirate avec une audacieuse liberté ? « Mais, parce que « je n'ai qu'un frêle navire, on m'appelle corsaire, et « parce que tu as une grande flotte, on te nomme con-« quérant. » (*Cité de Dieu*, liv. IV. chap. 5.)

L'Empereur Napoléon 1er, qui, en fait de guerres et de conquêtes, est un excellent juge, disait : « Qu'est-ce « que la guerre ? Un métier de barbare, où tout l'art « consiste à être le plus fort sur un point donné. » Et César, ce conquérant romain, ne disait-il pas aussi : « Avec de l'argent, on a des soldats, et avec des soldats « on vole de l'argent. » Ecoutons enfin le langage de la philosophie : « C'est à celui qui domine sur les esprits « par la force de la vérité, non à ceux qui la défigurent, « que nous devons nos respects. (VOLTAIRE.)

Un jour viendra qu'on ne croira plus à la fausse gloire des grands conquérants ; déjà nous assistons à l'aurore de ce jour, et le monde commence à mieux comprendre ces belles paroles de Fénélon : « Les grands « conquérants qu'on nous dépeint avec tant de gloire, « ressemblent à ces fleuves débordés qui paraissent « majestueux, mais qui ravagent toutes les fertiles cam-« pagnes qu'ils devraient seulement arroser. » Quelle folie ! Quand on pense qu'un homme, Pierre-le-Grand (et il n'est pas le seul), a ôsé rêver la domination du monde par la force des armes.

L'humanité peut bien tenir dans la main de Dieu, mais non pas dans celle d'un homme. Ceci nous rappelle cet enfant qui creusait un trou sur le rivage de la mer pour y loger l'Océan.

II

ENCORE LES LÉGITIMISTES. — LES BONAPARTISTES DU PREMIER EMPIRE.

Disons-le bien haut : « Il n'y a de salut que dans la
« justice, source de toute grandeur et de toute civili-
« sation ; elle seule est infaillible, et n'égare jamais. Son
« principe est aussi clair, aussi évident que la lumière
« du ciel : *Fais à autrui*, etc. ; c'est vers ce point que
« doivent converger toutes les lois humaines dont les
« rayons bienfaisants sont appelés à régénérer le monde.
« L'art de gouverner ne doit pas être autre chose que
« l'art d'être juste et humain envers tous. Mais au lieu
« de cette loi de mansuétude et d'amour, de cette loi
« qui répond à tous les besoins et à toutes les souf-
« frances des peuples, les partisans de Machiavel ont
« substitué l'ignorance, les bastonnades et le knout. Ils
« ne comprennent pas que le mal que l'homme fait
« retombe tôt ou tard sur lui-même, sans rien changer
« au système du monde, sans empêcher que l'espèce
« humaine elle-même ne se conserve malgré qu'elle en
« ait. » (Rousseau.) Ils semblent ignorer complétement

la vertu, la toute-puissance qui résident dans les lois morales et les actes de justice; infatués de leurs fausses idées, ils ne cessent d'objecter les difficultés pratiques que présentent, dans leur application, les principes de l'Evangile. Ceci, disent-ils, est bon en théorie, mais, en pratique, c'est impossible. Comme si, dans une question de principe, une question de morale, la théorie n'était pas faite pour éclairer la pratique. La théorie n'est-elle pas la lumière, et la pratique le chemin qu'il faut suivre pour atteindre le but vers lequel on doit tendre à marcher ? A quoi donc nous servirait la théorie, c'est-à-dire l'Evangile, si elle n'est pas applicable ? Et qu'est-ce qu'une théorie qu'on ne peut pratiquer, sinon une utopie ? Si la théorie est contraire à la raison, démontrez-le par la raison ; renversez son système, sa doctrine, son rêve, prouvez sa folie ou devenez vous-même raisonnable et apprenez à vous incliner devant son autorité. Quoi ! le Christ aurait raison en théorie, et Machiavel, totalement opposé au Christ, aurait raison en pratique ? Quelle logique ! Quelle morale ! On accepte la raison en théorie, mais c'est la sottise qu'on met en pratique. Et l'on appelle cela raisonner, et l'imbécillité humaine s'en va répétant, colportant ces grands mots, sans même s'apercevoir qu'ils sont tout à la fois vides de sens et gros de révolutions.

Il ne s'agit pas ici de ces expériences de laboratoire, vraies en théorie, mais irréalisables en grand, parce qu'on ne saurait, sur une certaine échelle, se procurer

le point d'appui que réclamait Archimède pour ébranler
le monde. Dans l'ordre moral, quand une chose est vraie
en principe, elle est éternellement vraie en théorie,
et son principe fait loi. Si les moyens manquent pour
appliquer immédiatement le principe et le réduire en
pratique, toute la pratique, dans ce cas, doit avoir pour
but d'acquérir ce qui lui manque ; elle doit, coûte que
coûte, se le procurer, afin d'arriver à l'établissement des
vérités que la théorie enseigne et que l'humanité exige ;
vérités sur lesquelles reposent le bonheur et les intérêts
de la société, et dont, après tout, l'intelligence ne nous a
été donnée que pour en faire l'objet de nos aspirations,
parce que ces vérités sont elles-mêmes l'objet de nos
besoins.

On ne guérit pas un malade gravement atteint en un
jour ; un homme vicieux ne se corrige pas comme par
enchantement de ses défauts et de ses vices ; mais la
mission du médecin n'en n'est pas moins de ramener
le malade à la vie, et comme l'humanité ne meurt.
pas, comme elle se renouvelle et se perpétue tous les
jours, le mal, quelque grand qu'il soit, n'est jamais
sans remède. Il y a des difficultés et non des impos-
sibilités. « Quand un homme veut quitter le mal, le mal
« semble encore le poursuivre longtemps ; il lui reste
« de mauvaises habitudes, un naturel affaibli, des
« erreurs invétérées et des préventions presque in-
« curables. » (Fénélon.)

Les grandes difficultés qu'on oppose et qu'on rencontre, effectivement, quand on veut entrer dans la voie des réformes, viennent donc toutes du mal qui existe et qu'on ne détruira qu'en inclinant sans cesse vers le but indiqué par la théorie, c'est-à-dire vers le principe du bien, en y faisant entrer peu à peu les générations nouvelles, et en améliorant toujours de plus en plus les institutions ; car, ne rien changer, ne rien améliorer, sous prétexte que tout est bien ou que les choses ne peuvent être autrement, comme quelques-uns le prétendent, c'est vraiment consacrer la perpétuité du mal. Il nous suffit, à nous, de savoir que les choses ne sont pas comme elles devraient être, pour que nous ayons le droit de dire qu'elles devraient être autrement qu'elles ne sont.

Machiavel, contrairement à l'honneur, au bon sens et à l'humanité, a érigé le mal en principe, tandis que c'est l'Evangile, c'est l'amour qui est le principe, et le principe, en morale, c'est le but, c'est le devoir, l'alpha et l'oméga de toutes choses. Voilà ce que tout homme de cœur et d'intelligence peut et doit affirmer sur son honneur !

On lutte, mais on doit lutter encore.

Quand on jette un coup d'œil rétrospectif sur la cause toujours complexe qui a présidé à la chute de tous les pouvoirs, on est bien en droit de demander aux apôtres de Machiavel en quoi consiste la prétendue supériorité pratique de leur doctrine et quels sont les fruits qu'elle a portés chaque fois qu'on a voulu la mettre en usage, car

En toute chose il faut considérer la fin.
(LA FONTAINE).

Qu'ont-ils fait de noble, de grand, de généreux, tous ceux qui ont marché dans cette voie de perdition et de malheur? Quel prestige, quelle gloire ont-ils laissés aux souverains qu'ils ont servis? N'ont-ils pas accumulé tout à la fois la honte, l'exil et la mort autour des trônes qu'ils ont perdus? Louis XVI, Charles X, Louis-Philippe ne sont-ils pas leurs victimes!.... Charles X est parti de Paris avec l'idée qu'il avait toujours bien agi. C'est quand il est trop tard, quand les pouvoirs de l'Etat sont ruinés, affaiblis, quand les grands rouages de la machine politique ne fonctionnent plus, que ces mauvais conseillers commencent à entrer dans la voie des.... *libéralités!*

Malheureusement, le passé nous a appris que les vrais amis de la Vérité, ceux qui avaient le courage de donner un bon conseil en temps utile, n'ont pas toujours été écoutés dans ces temps d'aveuglement et de fausse gloire. Leurs voix ont été étouffées par celles des courtisans, on les a disgraciés, écartés, et nous ne les retrouvons plus.

Que les ennemis de la vérité tremblent, leurs adversaires sont ressuscités.

III

LE LUXE, SON INFLUENCE SUR LA SOCIÉTÉ. — LA CORRUPTION EN MATIÈRE POLITIQUE. — LES RÉPUBLICAINS & LES ORLÉANISTES.

La richesse, le luxe et tous les plaisirs qu'ils traînent à leur suite étant, pour le commun des hommes, le plus grand élément du bonheur, l'argent devient naturellement pour eux la seule préoccupation de leur vie, le souci incessant de leur existence et son unique objet ; pensées, paroles, actions, c'est là que tout aboutit, et, sous prétexte qu'il faut de l'argent pour vivre, on ne vit plus que pour acquérir ou amasser. Ce seul fait explique pourquoi, chez tous les peuples sortis de la barbarie, le luxe, qu'il ne faut pas confondre avec le progrès, caractérise bien plus les époques de décadence que de civilisation.

Qu'ils sont à plaindre ceux qui, par position de fortune ou par métier, se trouvent sans cesse dans la dure nécessité de débattre pied à pied leurs intérêts avec la misère d'autrui ! Quoiqu'ils fassent pour se défendre de ces tristes influences, leur caractère, leur esprit et leur cœur prendront toujours, malgré eux, quelque chose de dur et de sec comme le métier qu'ils font. Tout ce que les philosophes et les moralistes ont écrit sur la corruption du cœur humain occasionnée par l'amour du luxe, est encore loin de nous faire connaître l'étendue et la profondeur des lésions morales que la soif effrénée des richesses produit dans le cœur de ceux qui s'y attachent et qui y livrent leur vie. On peut dire que chez eux toutes les fonctions intellectuelles en sont troublées, que la tête, le cœur, le jugement, les affections, les idées sont perverties par cette exécrable influence. La même tête, raisonnant sur le même objet, le voit tout différemment, selon que le raisonneur possède, ambitionne, jouit ou ne jouit pas des dons de la fortune.

> La fortune, selon qu'elle est meilleure ou pire,
> Jusque sur la pensée exerce son empire.
> Tels sont amis de l'ordre, et se croient convaincus,
> Qui sont conservateurs pour garder leurs écus....
>
> (PONSARD).

Quand tout se rapporte à la vie animale, on fait métier de tout : peinture, sculpture, musique, poésie, science, littérature, opinion même, tout est bon, tout fait ventre, pourvu que cela se vende. On brosse, on ratisse, on gratte, on burine, on chante, on écrit sans avoir d'autre poésie au cœur, d'autre religion dans l'âme que celle des écus ; philosophie et beaux-arts n'habitent plus sous le même toît. C'est l'aveugle Plutus qui dispense l'influence secrète. L'homme exceptionnel, celui qui a pu dire : « Je n'ai « flatté que l'infortune, » doit toute sa gloire et tout son génie à son désintéressement, à la simplicité de sa vie et à son ardent amour de l'humanité. Mais tous ces lettrés au petit pied, ces philosophes de l'école des grippe-sous, qui aiment le plaisir et le luxe, la dépense et le faste, sont la plaie la plus incurable des sociétés civilisées. Semblables à ces chiens affamés auxquels on peut toujours jeter un os à ronger, ils sont prêts à lécher les pieds de tous les pouvoirs, et, comme Esaü, à vendre les droits de l'humanité. Ils sont de ceux dont le poète a dit :

> Fiers de servir, ils font, au gré du maître,
> Signes de croix, saluts ou rigodons.

Vous les verrez tour à tour remplir tous les rôles et arborer tous les drapeaux, aujourd'hui guelfes et demain gibelins; ils jouent les mécontents et font de l'opposition par métier, comme d'autres sont satisfaits et s'intitulent amis de l'ordre par intérêt. Ces gens-là font véritablement de leur conscience une affaire de boutique. On a vu de fiers républicains s'approprier la dépouille des grands, dilapider les trésors de l'Etat, et ne se préoccuper que d'une seule chose, celle de faire tourner à leur profit personnel les victoires populaires.

A quoi donc attribuer tous ces désordres, si ce n'est à l'amour du luxe et de la fortune, qui, gagnant de proche en proche, devient un besoin pour tout le monde? « De « là il s'ensuit nécessairement qu'un grand nombre de « gens parmi nous sont forcés de gagner leur vie en « se faisant mendiants, filous, pipeurs, parjures, flat- « teurs, suborneurs, faussaires, faux-témoins, menteurs,

« empoisonneurs, astrologues, folliculaires libres-pen-
« seurs, et autres professions semblables. » (SWIFT.)

C'est le cas de dire : « Gents de bien, Dieu vous saulve
« et guarde, où estes-vous ? Je ne vous peulx voir. »
(RABELAIS.)

Sous le gouvernement machiavélique des derniers Bourbons, Béranger, notre poète national, comme on l'appelle aujourd'hui, Béranger ne disait-il pas : « On « m'eût payé volontiers pour me taire. » Le gouvernement de Juillet, avec son système de corruption, a immensément contribué à cette sorte de simonie politique qui est la mort de toute croyance. C'est sous le règne de la royauté constitutionnelle que M. le vicomte de Cormenin écrivait les paroles suivantes : « Aujourd'hui, le gou- « vernement ne croit à rien, les seigneurs de la cour à « rien, les lecteurs à rien, les professeurs à rien, les « élèves à rien ; aussi que sommes-nous tous devenus ? « Nous sommes devenus des valets. » C'est pis qu'esclaves.

Que les partisans de Machiavel exaltent tant qu'ils voudront la malice et la ruse du vieux roi, nous, nous soutenons que la malice et la ruse ont toujours quelque chose d'incompatible avec la simplicité et la noblesse d'un grand caractère. Quant à son habileté pratique dont on a fait tant de bruit, elle n'a servi qu'à le faire sombrer comme un pauvre novice. Et qu'on ne nous accuse pas de frapper ici des vaincus ; comme homme, nous plaignons, nous respectons leurs malheurs ; mais ce que nous blâmons, ce que nous combattons en eux, c'est le système et l'aveuglement qui les ont perdus et qui, malgré les enseignements de l'histoire, trouvent toujours des partisans et des admirateurs jusque dans l'élite des classes lettrées, tant il est vrai que « si la peste donnait « des pensions, la peste trouverait encore des flatteurs et « des serviteurs. » Sans l'amour effréné du luxe et de la richesse, un pareil système politique trouverait-il des admirateurs ? trouverait-il matière à corruption ?

On a dit qu'il était impossible de trouver la ligne de démarcation qui sépare le luxe du besoin. Nous pensons, nous, que les vrais besoins ont pour mesure l'utile, et rien que l'utile ; c'est ce qui suffit hygiéniquement et moralement parlant, aux soins du corps et de l'âme, au développement de l'intelligence. Ce qui n'est pas utile est nuisible, et ce qui est nuisible est folie. Nous savons bien que toute habitude vicieuse peut devenir un besoin ; mais par cela même qu'elle est vicieuse, ce besoin est factice, et par conséquent nuisible, et l'on doit chercher à en affranchir les nouvelles générations. Nous ne parlons pas des vieillards en général ; ils n'aiment pas les réformes et sont de ceux qui ne se corrigent que difficilement ; chez eux, le pli est pris ; il faut mourir avec. Les vrais besoins, réduits à leur juste mesure, donneraient moins de luxe d'un côté, mais plus de bien-être et plus d'intelligence de l'autre ; toute la sève ne portant plus sur les mêmes branches, on supprimerait, on pincerait les gourmands. Cette opération, qui a déjà été pratiquée en France sur les aînés de la famille, ne laisse aujourd'hui de regrets à personne, si ce n'est à..... Passons outre.

L'amour du plaisir et du confortable, la fureur, la rage de dépenser plus qu'on ne possède, sèment dans tous les rangs de la société d'innombrables et de profondes misères. Chacun s'enfle à plaisir et veut, comme la grenouille, égaler le bœuf en grosseur, mais, hélas! que de pécores crèvent à la tâche! Quand on attache tant de gloire et d'honneur aux folies de ce monde, on donne trop à croire qu'on se sent au-dedans pauvre de toute vraie grandeur. Oui, c'est encore à l'amour de l'argent et du luxe qu'on doit attribuer la plupart de ces unions boiteuses et mal assorties qui troublent la destinée des familles et sont un véritable désastre pour les enfants.

Non, jamais les tristes et douteux avantages qu'on attribue au luxe ne compenseront la centième partie du mal qu'il fait. Les convoitises qu'il engendre, la fièvre qu'il produit, jettent l'homme dans un état d'ivresse qui le rend capable des plus grandes aberrations et quelquefois des plus grands crimes. Qu'on le considère au point de vue moral, au point de vue privé ou au point de vue politique, on reconnaîtra que le luxe a toujours été l'écueil des sociétés qui marchent vers la civilisation.
